Jocelyne Robert

Illustrations de Jean-Nicolas Vallée

Ma sexualité
de 6 à 9 ans

LES ÉDITIONS DE
L'HOMME

Une société de Québecor Média

Correction: Odile Dallaserra et Sylvie Massariol

Données de catalogage disponibles auprès de
Bibliothèque et Archives nationales du Québec

DISTRIBUTEURS EXCLUSIFS:

Pour le Canada et les États-Unis:
MESSAGERIES ADP inc.*
Téléphone : 450-640-1237
Internet: www.messageries-adp.com
*   filiale du Groupe Sogides inc.,
           filiale de Québecor Média inc.

Pour la France et les autres pays:
INTERFORUM editis
Téléphone : 33 (0) 1 49 59 11 56/91
Service commandes France Métropolitaine
Téléphone : 33 (0) 2 38 32 71 00
Internet: www.interforum.fr
Service commandes Export – DOM-TOM
Internet: www.interforum.fr
Courriel: cdes-export@interforum.fr

Pour la Suisse:
INTERFORUM editis SUISSE
Téléphone : 41 (0) 26 460 80 60
Internet: www.interforumsuisse.ch
Courriel: office@interforumsuisse.ch
Distributeur: OLF S.A.
Commandes:
Téléphone : 41 (0) 26 467 53 33
Internet: www.olf.ch
Courriel: information@olf.ch

Pour la Belgique et le Luxembourg:
INTERFORUM BENELUX S.A.
Téléphone : 32 (0) 10 42 03 20
Internet: www.interforum.be

03-16

Imprimé au Canada

Dépôt légal : 2015
Bibliothèque et Archives nationales du Québec

ISBN 978-2-7619-4293-5

Gouvernement du Québec – Programme de
crédit d'impôt pour l'édition de livres – Gestion
SODEC –
www.sodec.gouv.qc.ca

L'Éditeur bénéficie du soutien de la Société de
développement des entreprises culturelles du
Québec pour son programme d'édition.

Conseil des Arts   Canada Council
du Canada   for the Arts

Nous remercions le Conseil des Arts du Canada
de l'aide accordée à notre programme de publi-
cation.

Financé par le gouvernement du Canada   Canadä
Funded by the Government of Canada

Nous reconnaissons l'aide financière du gouvernement du Canada par l'entremise du Fonds du
livre du Canada pour nos activités d'édition.

À Alice
À Léonie

Table des matières

Préface

Ce livre est le produit de l'amour et du respect indéniables que l'auteure porte aux enfants, aux parents et à la jeunesse. Il est le témoignage du droit qu'elle reconnaît aux jeunes de se découvrir, de se vivre pleinement dans tout leur être bio-psycho-sexo-social. Le contenu de ces pages interpelle l'enfant et l'amène, par des historiettes, des exercices et des dessins, à mieux se définir, à apprendre et à trouver des réponses satisfaisantes à ses questions.

Aussi, à vous parents, parfois dépourvus de mots devant les questions de vos enfants, je dis : feuilletez ce livre, utilisez-le avec votre jeune et n'hésitez pas à consulter l'auteure au besoin.

À toi, Véronique, Paul, Catherine, Simon, Delphine…, l'auteure lance l'invitation à une belle et merveilleuse excursion « au pays de ton corps, au pays de ta personne ».

Pour tous, ce livre sera un outil de soutien incomparable en éducation à la sexualité ; il était désiré et s'avère respectueux du développement psychosexuel de l'enfant.

Denise Badeau,
spécialiste en éducation et professeure retraitée
au département de sexologie de l'UQÀM

Introduction

Allô toi !

Je veux tout d'abord te dire comment et pourquoi j'ai écrit ce livre. Avant de le rédiger, j'ai observé et écouté plein d'enfants de ton âge. J'ai noté les questions que se posent les enfants, auxquelles les parents ne sont pas toujours à l'aise de répondre.

La sexualité concerne ton corps de fille ou de garçon, tes sentiments et tes émotions, la façon dont tu te perçois et dont tu vois les autres et, enfin, ton sens de la responsabilité en tant que fille ou garçon.

P.-S. : Tu trouveras, à la page 61, la définition des mots que tu ne connais pas.

La sexualité, c'est tout ce qui se passe maintenant en toi, en tant que fille ou garçon ; c'est aussi la femme ou l'homme que tu deviendras. Tu remarques déjà, j'en suis certaine, que la sexualité est loin de se limiter à la fabrication des bébés.

La sexualité est un sujet dont on parle peu, ou mal, et qui rend parfois mal à l'aise. C'est pour cela que certains en parlent souvent en blaguant ou avec des mots vulgaires.

La sexualité ne se résume pas non plus au fait que garçons et filles ont un sexe différent. Tu exprimes ta sexualité quand tu dis : « J'aime Kévin, je le trouve beau et gentil », quand tu t'identifies à ton groupe en jouant au hockey ou en sautant à la corde avec ta bande d'amis ou d'amies, quand tu compares ton corps avec quelqu'un de ton sexe ou de l'autre sexe, quand tu es fier d'être reconnu comme une fille ou comme un garçon.

C'est normal et naturel de connaître sa sexualité. Aussi naturel que d'apprendre à parler, à jouer, à étudier... Ce livre est à toi. Tu en es le principal personnage. J'espère que tu auras du plaisir à le compléter.

Bises,
Jo

CHAPITRE 1

Mon corps, c'est moi

1. Je me présente en remplissant la fiche suivante.

Je suis une fille ☐ un garçon ☐.
Je m'appelle _____.
J'ai _____ ans.
Je suis le _____ enfant de ma famille.
Celle-ci comprend _____ personnes.
Les personnes les plus importantes pour moi sont :

_____   _____

_____   _____

_____   _____

_____   _____

2. Quand on veut se présenter à quelqu'un, il n'y a pas
tellement de façons de le faire : le meilleur moyen de dire qui
et comment je suis, c'est de montrer une photo de moi.
Je peux aussi essayer de dessiner mon visage.

« C'est moi. »

Je suis unique.

Je ris, je parle, je pleure d'une façon bien à moi. J'ai ma manière à moi de faire les choses et de penser. Je bouge, j'agis, je me déplace avec mon corps, je pense avec mon esprit. Tout ça, c'est moi.

Mais, pour boire, manger, dormir, jouer avec les autres, j'ai besoin de mon corps. Un enfant qui n'aurait pas de corps ne serait pas un enfant. Ça serait un fantôme, ou un ange, ou le vent…

C'est amusant d'avoir un corps et d'être ce corps. Je peux jouer à la balle, me baigner, serrer quelqu'un dans mes bras et l'embrasser, manger un fruit et pouvoir le différencier d'un légume, grandir…

Il y a deux qualités, pourtant, que j'envie aux choses qui n'ont pas de corps : elles peuvent, comme le vent, se déplacer sans être vues et, comme le son, passer à travers les murs.

« Rien n'est parfait », disait le renard au Petit Prince…

Un corps, c'est beau. Et puis, c'est utile. Sans lui, il me serait impossible de voir, de goûter, de sentir, de parler, de rire, de trouver où je suis…

À MON AVIS, C'EST VRAIMENT CHOUETTE D'AVOIR UN CORPS !

« C'est amusant d'avoir un corps
et d'être ce corps. »

CHAPITRE 2

Mon corps, je le connais

1. Mon corps est composé de différentes parties : la tête, le tronc et les membres.

« Ici, je me dessine de la tête aux pieds. »

2. Il y a des parties de mon corps que je vois : les bras,
le ventre, les fesses, le nez, le pénis…
J'en nomme d'autres.

3. Il y a des parties de mon corps que je ne vois pas :
l'estomac, les ovaires, la vessie, les poumons…
J'en nomme d'autres.

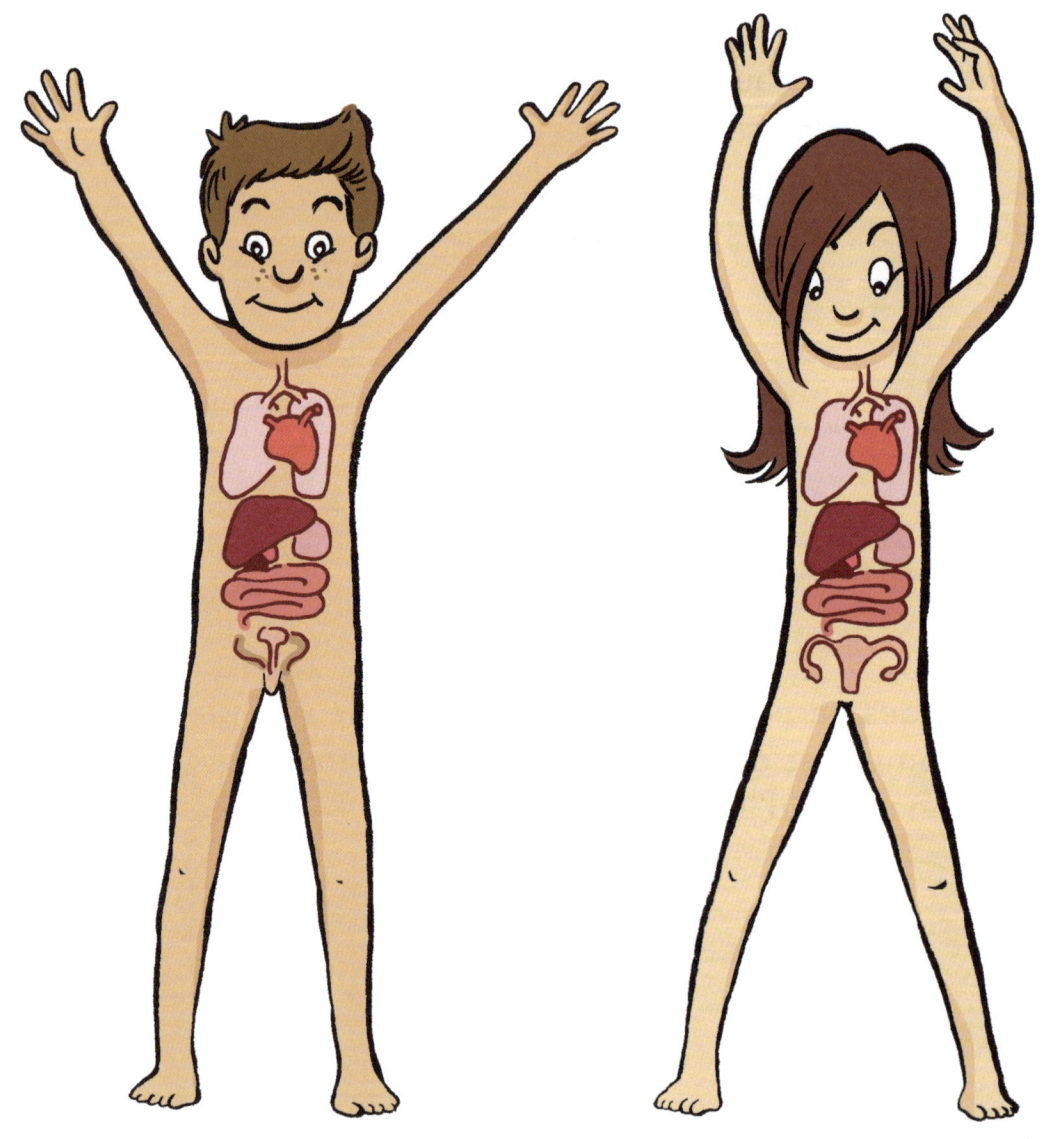

« Ces organes que je ne vois pas,
je peux les localiser sur moi. »

4. La plupart des parties du corps sont les mêmes chez les deux sexes. Les garçons et les filles ont un nez, des cuisses, un ventre, des pieds, des bras.
Je nomme d'autres organes qui sont les mêmes chez les garçons et les filles.

« Les organes génitaux
différencient filles et garçons. »

C'est drôle, parfois on croit reconnaître une fille parce qu'elle porte une jupe et les cheveux longs et le garçon parce qu'il a un pantalon et les cheveux courts. En réalité, si je regarde la photographie d'un bébé nu, je constate que c'est une fille ou un garçon parce qu'il a un sexe féminin ou masculin.

Plus tard, les seins de la fille grossiront mais, pour l'instant, ils sont petits comme ceux des garçons.

5. Je colle une photo de moi bébé ou d'un autre bébé.

« Moi bébé (ou un autre bébé). »

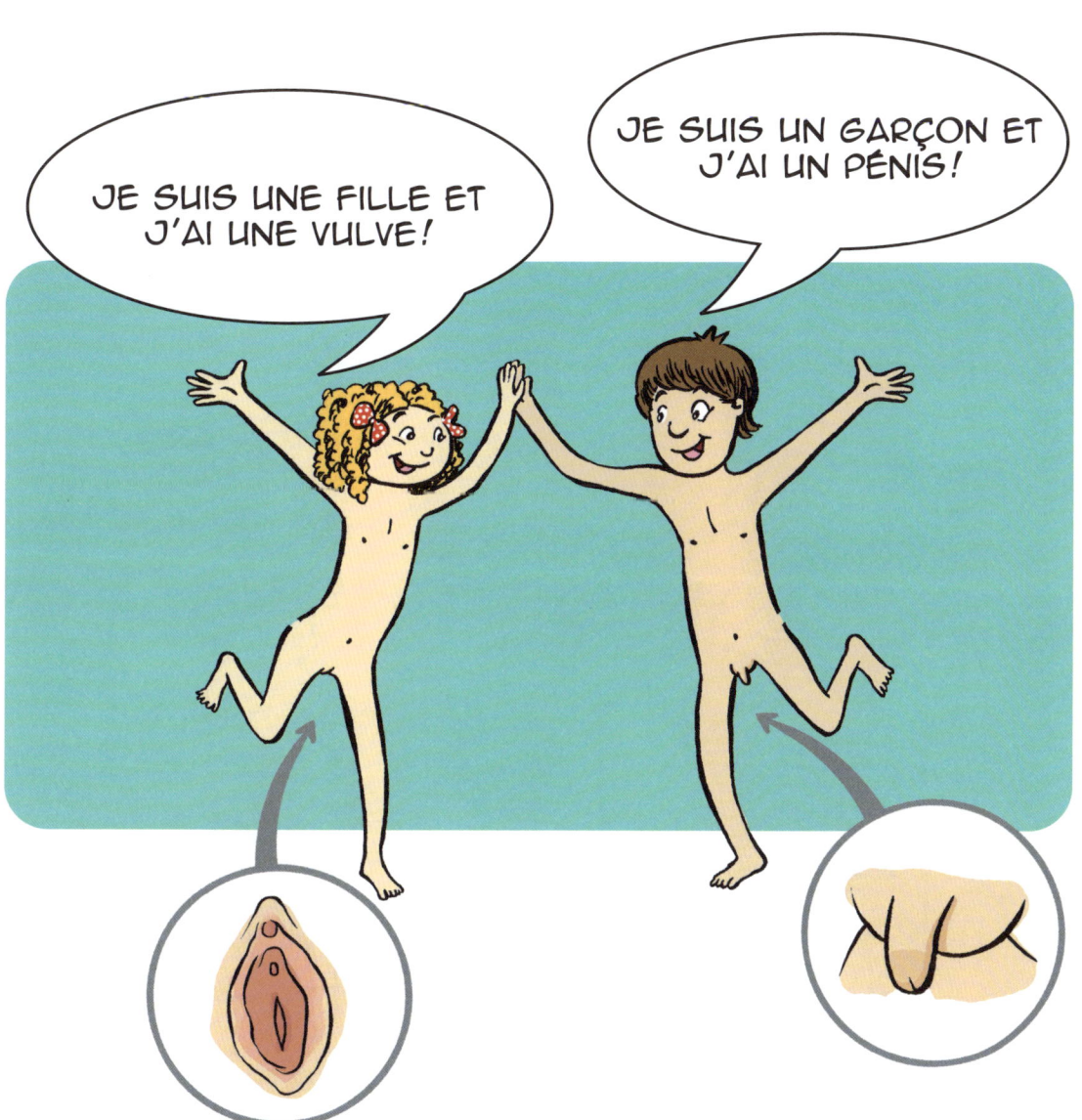

Ma vulve ☐ Mon pénis ☐ est bien au chaud, au centre de mon corps, tout près de mon ventre. Ce sont des organes tout aussi importants que les autres organes. Mais comme la plupart du temps ils sont cachés sous les vêtements, ils nous sont moins familiers.

6. Si j'essayais de me dessiner sans mes vêtements, avec toutes les parties de mon corps incluant mes organes génitaux, je me demande si j'y arriverais. Je vais essayer.

« Moi et mes organes génitaux. »

7. Je dessine un ami ou une amie de l'autre sexe.

« Un ami ou une amie de l'autre sexe. »

Je pense à tous les mots qu'on utilise pour nommer la vulve ou le pénis.
Ça me fait rire, il y en a qui sont drôles.

8. Pour le sexe du garçon : zizi, quéquette, rikiki…
   Et moi, je dis ou j'ai entendu :

9. Pour le sexe de la fille : minou, bizoune, chatte…
   Et moi, je dis ou j'ai entendu :

À bien y penser, je me demande pourquoi nous avons tant de difficulté à appeler ces parties de notre corps par leur vrai nom. Comme si ça nous gênait… Même les adultes utilisent souvent de petits mots colorés pour parler des organes sexuels. Est-ce que ça les embarrasse, eux aussi ? Ou est-ce parce que ça les amuse ? Il faudrait le leur demander.

Il y a de ces mots qui sont jolis et amusants. D'autres qui le sont moins… C'est important, je pense, que l'on sache les noms exacts des organes génitaux et qu'on les utilise. De cette façon, on se comprendra mieux puisqu'on parlera des mêmes choses en employant les mêmes mots.

MOI, LES ORGANES GÉNITAUX EXTERNES DE LA FILLE, ÇA ME FAIT PENSER À UN VISAGE…

Toutes les filles (les garçons aussi d'ailleurs!) ont un visage, à la fois semblable et différent.

Tout le monde a un nez, deux yeux, une bouche, et pourtant, on ne se ressemble pas. On a un grain de peau différent, des lèvres minces ou charnues, un nez retroussé ou droit, des yeux ronds ou bridés...

C'est la même chose pour les organes génitaux féminins. Chaque vulve comprend : deux grandes lèvres, deux petites lèvres, l'ouverture du vagin, l'ouverture de l'urètre et le clitoris.

Pourtant, chaque vulve est unique par la teinte de ses **muqueuses**, par l'épaisseur, la texture ou la longueur des lèvres.

Quant au clitoris, il a l'air d'un petit bourgeon ou d'un petit pois rose et rond !

Muqueuse : la fine peau qui tapisse certaines cavités de l'organisme comme la bouche, le vagin ou l'anus.

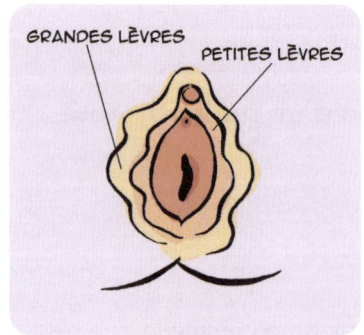

« Les vulves : semblables et différentes. »

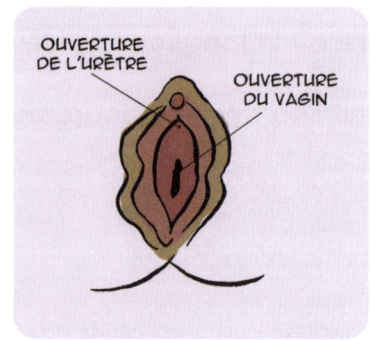

GRANDES LÈVRES
PETITES LÈVRES

OUVERTURE DE L'URÈTRE
OUVERTURE DU VAGIN

CLITORIS

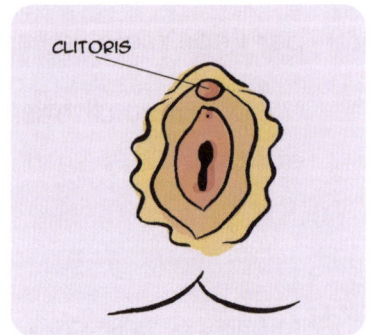

PARCE QU'ILS SONT À L'EXTÉRIEUR ET BIEN VISIBLES, LES ORGANES GÉNITAUX DU GARÇON ME FONT PENSER À DES FRUITS SUSPENDUS À UN ARBRE...

Le sexe du garçon est en plein air comme l'arbre ou la petite fusée inter-planétaire. Son pénis est comme un fruit long et rond qui se termine par le **gland**, en forme de chapeau. Savais-tu que le fruit du chêne s'appelle aussi gland? Le garçon aussi a un urètre, mais chez lui, l'urètre s'ouvre au bout du gland. Le scrotum est sous le pénis. C'est comme un sac près de ses cuisses. Ce sac contient les testicules, qui me font penser à deux prunes.

La taille du pénis varie d'un garçon à un autre.

Les pénis plus petits sont aussi normaux et aussi beaux que les plus grands.

Leur forme aussi varie. Presque autant que la forme des nez.

LES PETITS NEZ RESPIRENT TOUT AUSSI BIEN QUE LES GROS!

Le **gland du pénis** est entouré d'un repli de peau qu'on appelle le prépuce. On dit qu'un pénis est circoncis quand le prépuce a été partiellement ou entièrement enlevé.

« Les organes génitaux du garçon. »

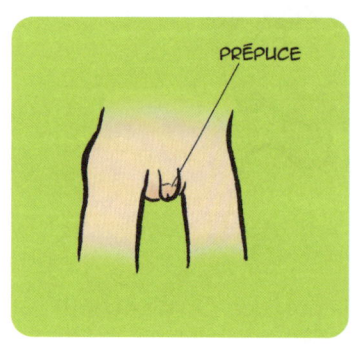

PRÉPUCE

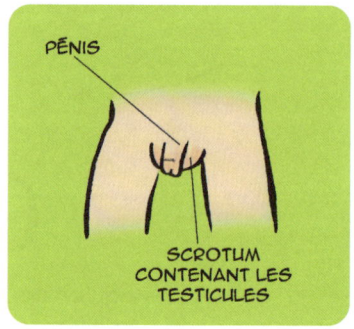

PÉNIS

SCROTUM
CONTENANT LES
TESTICULES

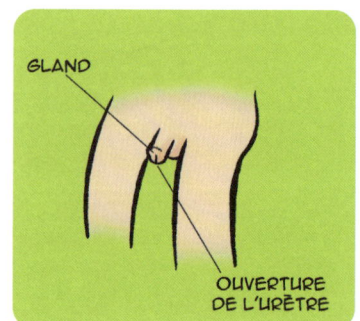

GLAND

OUVERTURE
DE L'URÈTRE

Ils sont différents, nos organes génitaux, et ils sont beaux ! Dis donc, ça en fait de nouveaux mots à apprendre ! Je vais essayer de les mémoriser.

10. La vulve de la fille comprend :

_____

_____

_____

_____

_____

_____

11. Les organes sexuels du garçon sont :

_____

_____

_____

_____

_____

_____

12. Moi, les organes génitaux du garçon me font penser à:

parce que:

_____

_____

_____ .

13. Moi, les organes génitaux de la fille me font penser à:

parce que:

_____

_____

_____ .

Les filles se ressemblent entre elles, mais chacune est unique au monde.

Les garçons se ressemblent entre eux, mais chacun est unique au monde.

Chaque être humain a un corps, une personnalité, un caractère et une sensibilité qui lui sont propres.

Il y a d'autres organes sexuels qui sont situés à l'intérieur du ventre. Ce sont, entre autres, l'utérus et les ovaires chez la fille, et la prostate chez le garçon.

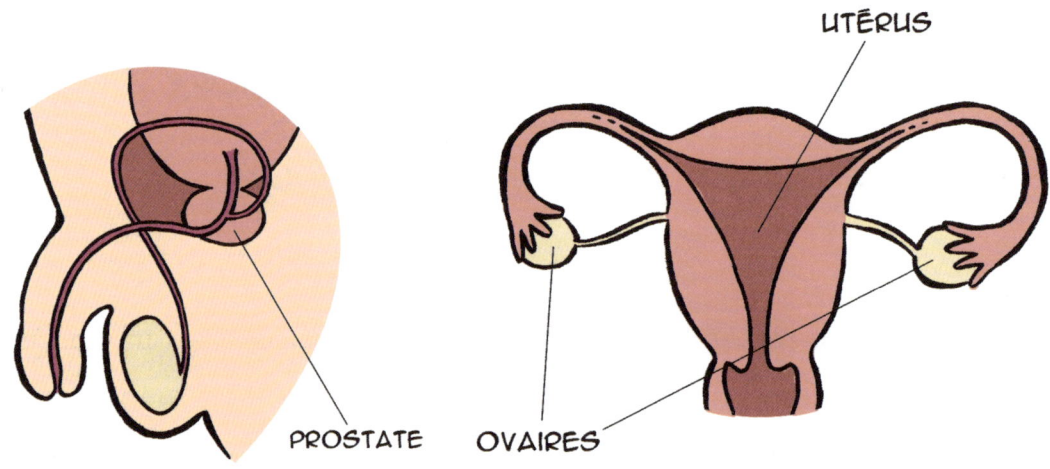

UTÉRUS

PROSTATE   OVAIRES

« Mes organes génitaux
que je ne peux pas voir. »

PASCAL ET MAUDE

Maude est mon amie. Elle a des cheveux tout soyeux, noirs et droits. Pourtant, Maude déteste sa chevelure. Elle voudrait avoir une tête toute bouclée comme son amie Émilie.

Pascal, le bon copain de Maude, a un sourire éclatant. Ses dents sont larges et blanches. Pascal n'aime pas ses dents. Même qu'il met sa main devant sa bouche, quand il rit, pour les cacher. Il dit qu'il a l'air d'un lapin ou qu'il a un sourire de cheval…

À croire qu'on est rarement tout à fait satisfait de son corps !

Certains de ses aspects nous plaisent, d'autres nous réjouissent moins.

14. Moi, ce que j'aime, ce que je trouve beau dans mon corps, c'est :

_____

_____

_____

_____

_____

_____

_____

15. Moi, ce que j'aime moins, ce que je trouve moins beau dans mon corps, c'est :

_____

_____

_____

_____

_____

_____

_____

16. Et mes organes génitaux, je les trouve comment ?

_____

_____

_____

_____

_____

_____

_____

CHAPITRE 3

J'ai des besoins

Il y a des choses dont j'ai besoin : la nourriture, les vêtements, un toit et… l'amour. Même si je ne suis plus un bébé, j'ai besoin d'être touché affectueusement.

Se faire prendre dans les bras ou caresser les cheveux, c'est comme se faire dire « je t'aime ». C'est agréable de serrer fort quelqu'un contre soi, ça fait tout chaud. On comble ce besoin, parfois, avec sa poupée ou avec son ourson préféré. On s'endort tout près, on le berce et on lui raconte ses idées les plus folichonnes.

Il arrive que les êtres humains caressent davantage leurs animaux domestiques que les personnes autour d'eux. Cela est bien étrange…

Parfois, en grandissant, on est moins à l'aise de se faire des caresses ou des câlins.

Moi, ce que j'aime beaucoup, c'est de recevoir un massage dans le dos, le soir avant de m'endormir. Ça me fait du bien ; c'est plein de petits frissons qui courent sur ma peau.

« J'ai besoin de toucher et
d'être touché affectueusement. »

1. Moi, ce que j'aime, c'est :

_____

_____

_____

_____

_____

_____

_____

_____

2. Ce que je n'aime pas, c'est :

_____

_____

_____

_____

_____

_____

_____

3. Les personnes que je touche affectueusement sont :

4. Les personnes qui me touchent affectueusement sont :

Les filles sont-elles plus portées que les garçons à toucher gentiment, à tenir la main, à serrer tendrement, à embrasser?

À les voir, on dirait que oui.

En grandissant, les garçons se touchent plutôt pour se chamailler. Comme s'ils avaient peur d'avoir l'air moins «hommes».

Pourtant, un garçon n'est pas moins «garçon» s'il est tendre et capable d'exprimer sa tendresse par des gestes. Filles et garçons ont besoin de recevoir et de donner de l'affection par le toucher.

LA CURIOSITÉ

À ton âge, les enfants sont curieux et se posent des questions sur la sexualité. De nos jours, c'est facile de chercher des réponses sur Internet. Surtout si on est gêné d'en parler avec ses parents ! Mais attention : les informations et les images sur lesquelles tu pourrais tomber sans même les avoir cherchées ont souvent tout faux. Elles sont même parfois troublantes.

- Si tu vois sur Internet des images sexuelles qui te dérangent ou t'inquiètent, parles-en avec un de tes parents ou avec un adulte en qui tu as confiance.

- Si quelqu'un que tu ne connais pas entre en contact avec toi sur Internet, éloigne-toi de l'ordinateur et laisse cette personne en plan. Même si elle te dit qu'elle est jeune comme toi, tu ne peux pas savoir si c'est vrai ou faux. Surtout, ne donne jamais de renseignements te concernant : ni âge, ni photo, ni nom, ni adresse, ni numéro de téléphone. Là encore, parles-en avec un adulte de confiance autour de toi.

Internet, c'est comme la forêt. On y trouve de bien belles choses, mais aussi des dangers.

CHAPITRE 4

Je comprends comment je suis né

Mes parents m'ont expliqué qu'autrefois, les grandes personnes racontaient de bien drôles d'histoires aux enfants au sujet de la naissance. On disait que les bébés étaient apportés par les «sauvages» ou par une cigogne, ou, plus étrange encore, qu'ils poussaient dans une feuille de chou ou dans les roses. Moi, je sais que ces histoires n'ont rien à voir avec ma naissance. Plusieurs événements ont eu lieu avant ma venue au monde.

Mon père et ma mère, parce qu'ils ressentaient plein de tendresse l'un pour l'autre, avaient envie d'être le plus près possible l'un de l'autre. C'est normal. Quand un homme et une femme ressentent de telles émotions, ils sont portés à se rapprocher pour se connaître mieux avec tout leur corps, dans tout ce qu'ils sont. Ils se caressent, trouvent cela très agréable et deviennent tout excités. Alors, le pénis de l'homme durcit et gonfle pour pouvoir se glisser dans le vagin de la femme qui devient humide et accueillant. On appelle cela la rencontre sexuelle.

J'ai commencé à prendre forme dans le ventre de ma mère, à la suite de cette rencontre très intime qui a permis au **spermatozoïde** de mon père de rencontrer l'**ovule** de ma mère.

Le **spermatozoïde** ressemble à un minuscule têtard; il est fabriqué dans et par les testicules. Il est si petit qu'on ne peut le voir qu'au microscope; c'est la plus petite cellule du corps humain.

L'**ovule** est comme un petit œuf; il est fabriqué dans et par l'ovaire. Même si l'ovule est la plus grande cellule du corps humain, comme pour le spermatozoïde, on ne peut le voir qu'au microscope.

« La rencontre, ou relation, sexuelle : quand deux grandes personnes ont envie d'être plus proches que proches. »

C'est agréable de penser que j'ai été «fabriqué» dans un climat d'amour et de plaisir. Les organes génitaux jouent un rôle important dans la conception du bébé. Quand la femme prend le pénis de son amoureux dans son vagin et que celui-ci y dépose son **sperme**, il est possible qu'une nouvelle vie commence.

Voici comment cela s'est passé pour moi, et pour toi aussi probablement…

Après que mes parents ont fait l'amour, les millions de spermatozoïdes de mon père se sont mis à courir follement pour rejoindre l'ovule de ma mère. Ce qui est intéressant, c'est qu'un seul des spermatozoïdes a gagné la course et a réussi à séduire l'ovule. Il est un brin capricieux, l'ovule. Il n'accepte pas de s'unir au premier venu. Il choisit habituellement celui qui est en meilleure santé, celui qui lui convient le mieux.

Pour différentes raisons, il arrive que ça ne fonctionne pas, que l'homme et la femme ne puissent pas faire de bébé. Alors, ils peuvent obtenir de l'aide en ayant recours à ce qu'on appelle les nouvelles techniques de reproduction. Mais, d'une manière ou d'une autre, c'est toujours par amour que l'on décide de donner la vie.

Sperme : liquide qui contient des millions de spermatozoïdes.

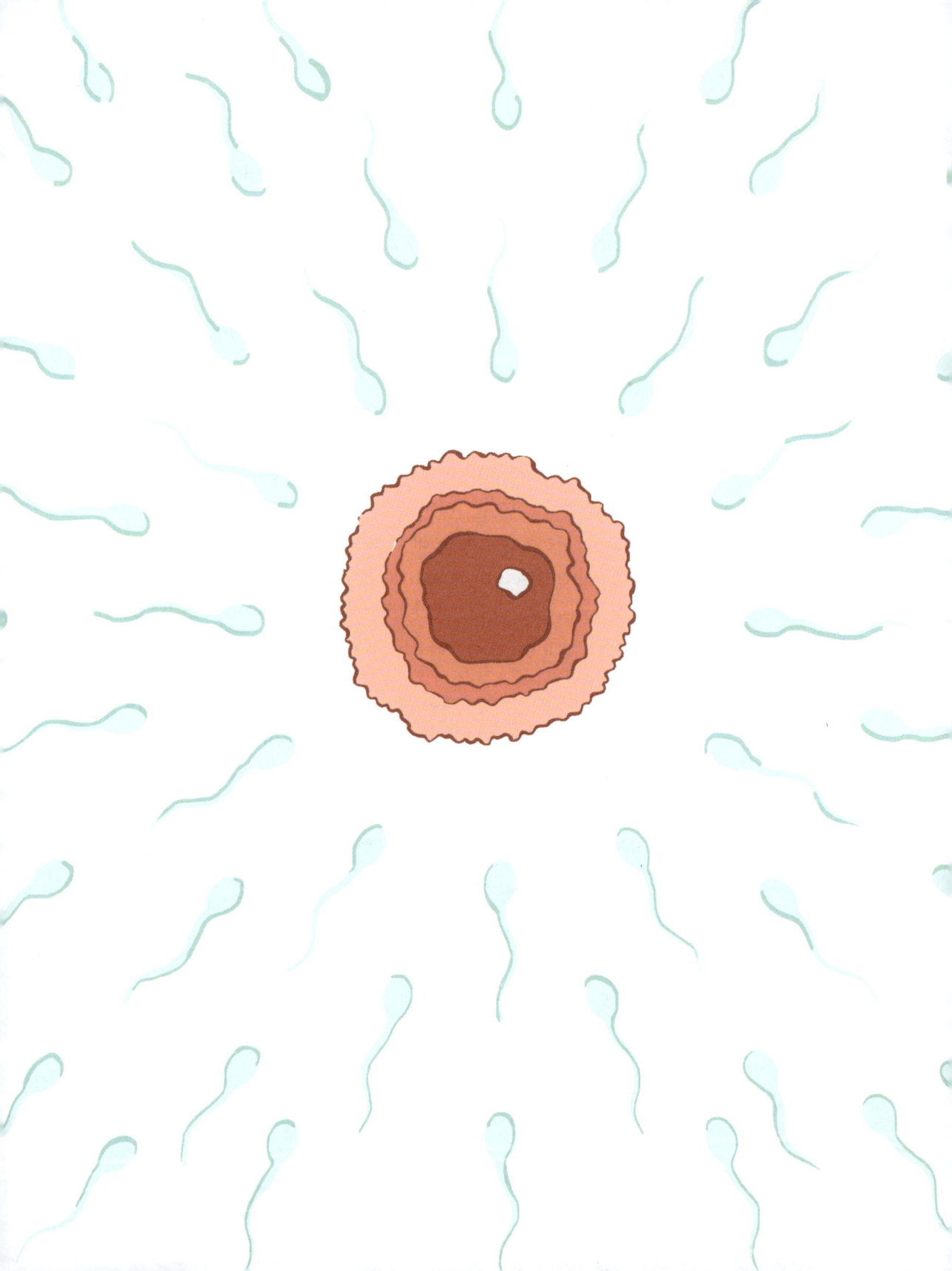

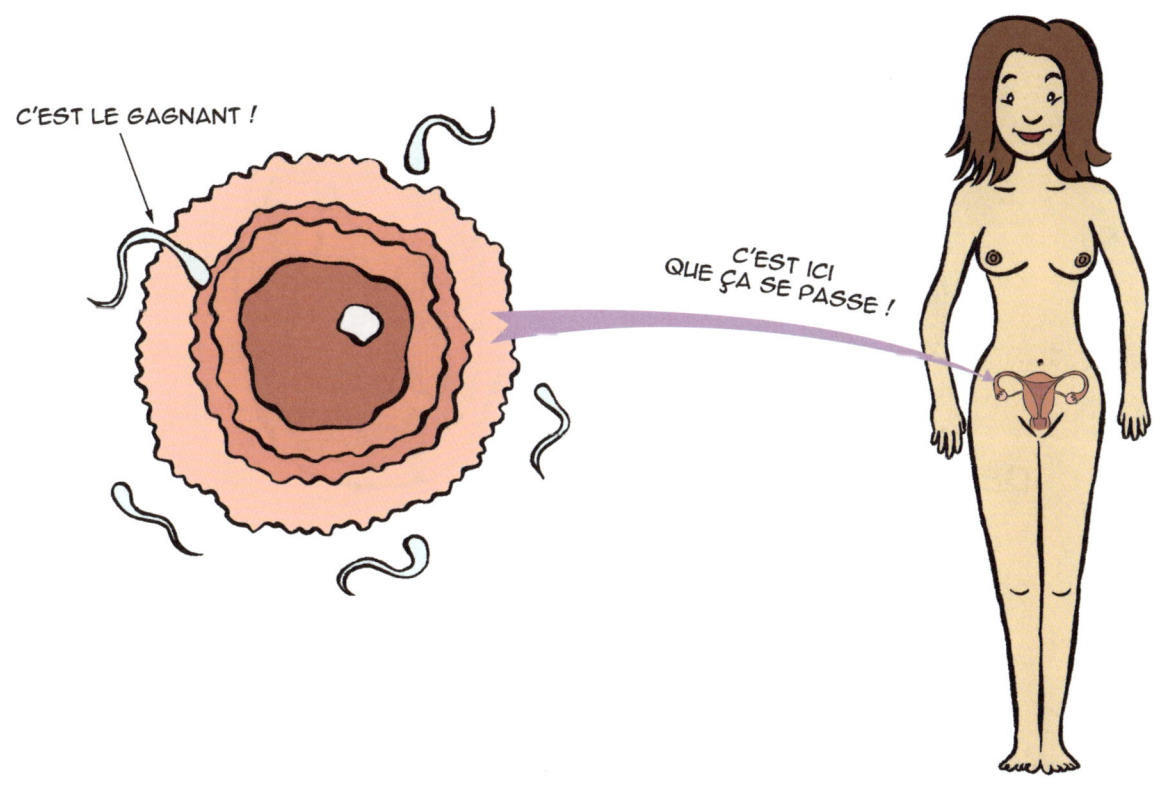

« La rencontre d'un ovule
et d'un spermatozoïde. »

Une fois que le spermatozoïde a fusionné avec l'ovule, on appelle cette nouvelle cellule-souche le zygote. Oui, oui, zygote, pas « gigote », car je ne gigotais pas encore, puisque c'était le germe de moi, bien avant mon existence.

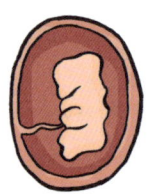

**EMBRYON
DE 8 SEMAINES**

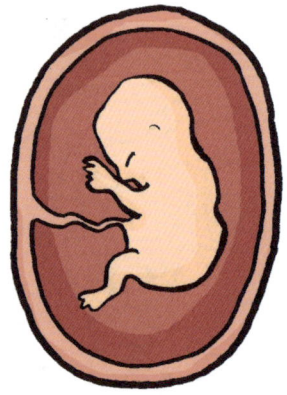

**EMBRYON
DE 12 SEMAINES**

Alors, l'ovule fécondé (qui est plus tard devenu moi) a fait un long voyage de trois jours vers l'utérus, où il s'est installé. Cet organe en forme de poire est devenu mon petit nid. J'y ai habité pendant 38 à 40 semaines. Je ne me rappelle plus comment c'était. J'imagine qu'il y faisait chaud et bon. Pour que je me développe, ma mère, par le cordon ombilical qui me rattachait à elle, m'envoyait la nourriture et l'oxygène dont j'avais besoin.

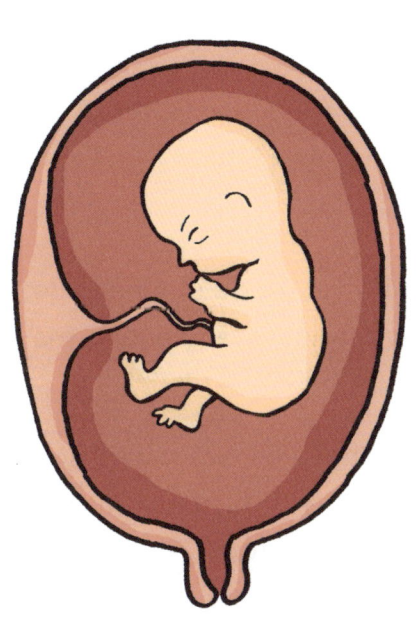

FŒTUS
DE 3 ½ MOIS

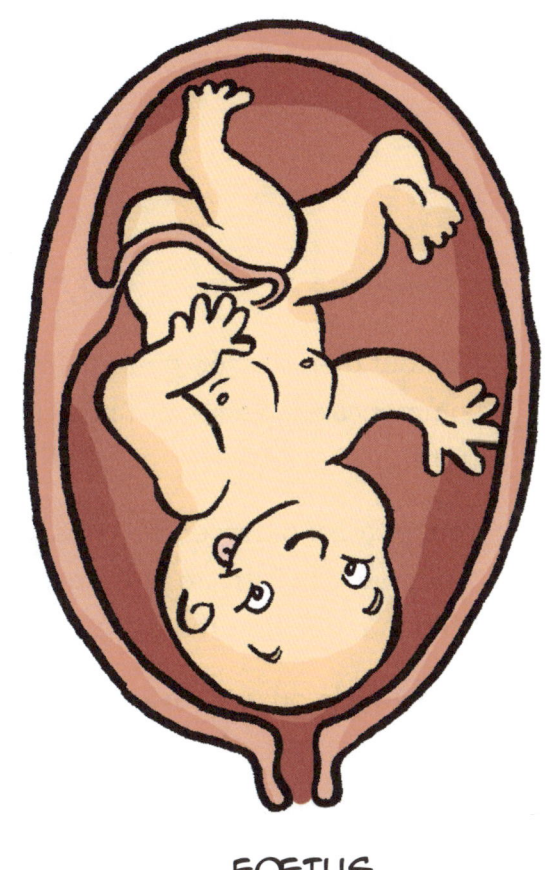

FŒTUS
DE 9 MOIS

« Je ne me rappelle
plus comment c'était. »

NAISSANCE

Au bout d'environ neuf mois, j'étais prêt à sortir du ventre de ma mère. Je commençais à me sentir un peu à l'étroit. Je l'ai d'ailleurs fait sentir à ma mère.

Pour m'aider à descendre dans le vagin, elle a fait travailler ses muscles et a poussé très fort. Je suis sorti par le vagin, c'est-à-dire par le même conduit où les spermatozoïdes étaient entrés neuf mois plus tôt.

Un médecin ou une **sage-femme** a aidé ma mère à accoucher.

Sage-femme : femme dont le métier est d'aider les autres femmes à mettre leur bébé au monde.

« Ma mère et moi, on a travaillé
ensemble pour que je vienne au monde. »

« Mon père, le médecin ou la sage-femme
nous ont aidés du mieux qu'ils ont pu ! »

Une fois à l'air libre, je n'avais plus besoin de cordon ombilical parce que j'étais capable de respirer par moi-même et de me nourrir en tétant. Le médecin, la sage-femme ou mon papa l'a coupé. Cela ne m'a pas fait mal.

Quand je regarde mon nombril, ça me fait rire de penser que c'est par là que j'ai été nourri durant les trois saisons passées dans le ventre de ma mère. Et puis, quand je songe à cette période dont je ne me souviens pas, je me demande bien ce que j'y faisais, à part grandir... Est-ce que je dormais? Est-ce que je m'ennuyais? Il paraît que je flottais comme un cosmonaute dans l'espace et que je suçais mon pouce. Sucer son pouce en flottant, c'est drôle...

C'est ainsi que je suis arrivé dans le cycle de la vie. Il en va de même pour la plupart★ des êtres humains.

★ Dans certains cas, moins fréquents, le médecin fait une incision dans le ventre de la mère pour aider le bébé à naître. Cette opération s'appelle une «césarienne».

1. Je viens de l'union du _____

   de mon père avec l' _____ de ma mère.

   Avant de naître, j'habitais un organe spécial situé dans le
   ventre de ma mère. Cet organe s'appelle _____ .

   Ma date de naissance : _____
   L'heure de ma naissance : _____
   Mon poids : _____
   Ma taille : _____

   Les responsables de ma naissance sont :

   _____   _____

   _____   _____

   _____

2. Je dis en mes mots comment j'imagine mon séjour dans l'utérus maternel.

3. Je dessine comment j'imagine mon séjour dans l'utérus maternel.

Beaucoup d'enfants vivent avec un seul de leurs parents, mais tous les enfants ont un ⬭ et une ⬭.

CHAPITRE 5

Mon corps, c'est à moi, et j'en suis responsable

Les adultes sont responsables de leur sexualité, par exemple lorsqu'ils décident d'avoir ou non des enfants, de vivre seuls ou en couple…

À mon âge, je **suis responsable**, à ma façon, de mon corps et de ma sexualité. En sachant mieux qui je suis et comment je fonctionne, je me connais et je me comprends mieux. De plus en plus, au cours des prochaines années, mon corps grandira, se transformera. Je vais changer. C'est cela, la croissance. Quand on est bien dans sa peau de fille ou de garçon, on est plus heureux, on s'aime mieux.

Parce que je suis responsable, je sais aussi quoi faire si l'on me **sollicite sexuellement**, si l'on m'invite à des échanges sexuels.

Il arrive que des grandes personnes ou des adolescents soient attirés sexuellement par un enfant. Ce n'est pas toujours un inconnu qui offre des gâteries ou de l'argent. Parfois, c'est un parent ou un ami de la famille (père, oncle, gardien ou gardienne, etc.) qui invite l'enfant à des

Être responsable veut dire «se charger de…» ou «être capable de décider». Par exemple, je suis responsable de mes travaux scolaires : si je ne m'en charge pas, personne ne le fera à ma place.

Solliciter quelqu'un sexuellement veut dire s'approcher d'une personne afin d'obtenir d'elle ou d'échanger avec elle des faveurs corporelles et génitales (touchers, baisers, caresses, etc.).

conduites sexuelles et génitales. Ces adultes qui sont ainsi attirés par les enfants sont malades dans leur sexualité. Ils n'ont pas toujours l'air méchants comme on nous le laisse croire souvent. Ils savent se montrer tendres et gentils. Voilà pourquoi il n'est pas toujours aisé de distinguer un geste d'affection sain d'une sollicitation sexuelle malsaine.

Si je me sens inquiet à cause d'une situation semblable, je peux obtenir de l'aide et je dois en parler à une personne en qui j'ai confiance : parent, enseignant ou enseignante, éducatrice ou éducateur en garderie, etc.

Les adultes qui souhaitent avoir des contacts sexuels avec les enfants utilisent parfois le « faire-accroire » pour obtenir ce qu'ils désirent. Par exemple :

Malgré ce chantage, il faut absolument en parler. Pour se protéger et pour protéger d'autres enfants, mais aussi pour que les grands qui ont une sexualité malade se fassent aider et soigner.

« Si je me sens inquiet,
je peux obtenir de l'aide. »

Conclusion

Nous avons fait ensemble un bout de voyage au pays de ta sexualité. J'ai tenté de te laisser beaucoup de place dans ce livre, car j'ai voulu qu'il soit le tien. Cela, parce que je pense que la sexualité appartient à chacun et à chacune d'entre nous. J'aimerais, si le cœur t'en dit, que tu m'écrives pour me dire ce que tu as aimé ou moins aimé, ce que tu as appris ou ce que tu aurais souhaité apprendre. Enfin, que tu me dises tout ce que tu voudras…

À bientôt, pour la poursuite de ce voyage !

Jo

Tu peux m'écrire à l'adresse suivante :
Les Éditions de l'Homme
955, rue Amherst
Montréal (Québec)
H2L 3K4
courriel : jo@jocelynerobert.com

Le coin des parents, des éducateurs et des éducatrices

Ce livre d'éducation à la sexualité complète une trilogie dont les deux autres volumes sont destinés aux enfants de 0 à 6 ans, puis de 9 à 11 ans.

Peu de matériel éducatif s'adresse aux enfants de 6 à 9 ans en cette matière. Trop souvent, on parle aux tout-petits de la naissance pour garder ensuite le silence pendant plusieurs années, jusqu'au moment de prévenir le préadolescent des réalités de la puberté. Comme si, entre ces deux moments, le développement psychosexuel de l'enfant était suspendu.

Ici, la sexualité rejoint et englobe les volets affectif, psychologique et culturel selon lesquels chacun se perçoit et agit comme un garçon ou comme une fille. L'éducation sexuelle est conçue comme un service d'accompagnement de l'enfant : affirmation de son identité sexuée et sexuelle, apprentissage de sa masculinité ou de sa féminité, démarche d'autonomie, capacité de relations à autrui et quête des valeurs qui orienteront ses choix et ses comportements.

Le but de ce petit ouvrage est d'éveiller l'enfant aux diverses facettes qui composent sa réalité sexuée et sexuelle. Pour l'intéresser activement à ce projet, différentes activités lui sont proposées – dessins à réaliser, photos à coller, idées à émettre – l'incitant à la réflexion et à la prise en charge de lui-même. Plus qu'un collaborateur, l'enfant est invité à être le coauteur de ce livre.

J'ai voulu que ces pages soient belles, fraîches et invitantes afin que l'enfant ait le goût de les compléter et pour qu'à travers cette activité il s'apprivoise et se reconnaisse*.

Pour cela, je me suis concentrée sur les aspects lumineux et développementaux de la sexualité et j'ai à peine effleuré Internet et son lot de misères : sexualisation de l'enfant, pornographie envahissante, prédateurs sexuels, etc.*

À cet égard, et à ce stade de développement de votre enfant, voici trois petits conseils :

1. Faites ce que vous pouvez pour que votre bambin n'ait pas accès à des sites contenant pornographie, violence et pédophilie.

2. Exigez qu'il ne donne JAMAIS AUCUN renseignement personnel à qui que ce soit sans votre autorisation.

3. S'il lui arrive malgré tout d'avoir accès à des images pornographiques ou d'avoir été en contact avec un prédateur sexuel soupçonné, il doit vous en parler sans délai. Félicitez-le de l'avoir fait.

Qu'il me soit permis de suggérer aux parents de respecter le désir de l'enfant de garder pour lui le contenu de son livre, le cas échéant. Cependant, qu'ils n'hésitent pas à l'aider s'il en fait la demande. Peut-être ce moment sera-t-il pour le parent et l'enfant l'occasion d'une communication intime et privilégiée.

---

*   Pour aller plus loin sur ces questions spécifiques, consulter l'ouvrage *Te laisse pas faire – Les abus sexuels expliqués aux enfants* de Jocelyne Robert publié aux Éditions de l'Homme.

LEXIQUE

Accouchement : sortie du bébé du corps de la mère ; ce qui se produit lors de la naissance d'un enfant.

Affection : sentiment, émotion, « être touché ».

Caresse : manifestation de tendresse et de douceur, « toucher tendre, affectueux ».

Césarienne : intervention par laquelle le médecin fait une incision dans le ventre de la mère pour aider le bébé à naître.

Circoncision : opération par laquelle on enlève, en partie ou en entier, le prépuce qui recouvre le gland du pénis.

Clitoris : petit organe situé au haut de la vulve ; il est très sensible et il a la taille d'un petit pois.

Conception : ébauche d'un nouvel être humain dans l'utérus de la femme ; pour qu'il y ait conception, il doit y avoir union du spermatozoïde de l'homme avec l'ovule de la femme.

Cordon ombilical : conduit en forme de cordon qui relie le bébé à la mère ; il permet à celui-ci de se nourrir et de se développer.

Croissance : le fait de grandir, de se développer.

Érection : le fait, pour le pénis, de se redresser en devenant raide et gonflé.

« Faire l'amour » : expression qui signifie que deux personnes vivent ensemble l'intimité sexuelle et génitale. On dit aussi :

- **rencontre sexuelle**,
- **union sexuelle**,
- **rapport sexuel**,
- **relation sexuelle**.

Fécondation : en parlant du spermatozoïde, résultat de son action lorsqu'il s'unit à l'ovule.

Génitalité : ce qui se rapporte aux organes génitaux.

Gestation : période pendant laquelle le bébé se développe dans le ventre d'une femme.

Gland : bout du pénis ; a la forme du fruit du chêne, qui porte aussi le nom de gland.

Grandes lèvres : deux lobes charnus qui s'accolent l'un à l'autre pour fermer la vulve de la fille.

Hymen : mince peau qui ferme en partie l'entrée du vagin chez la fillette.

Identité sexuelle ou **identité de genre** : sentiment d'être un garçon ou d'être une fille et d'appartenir au groupe des hommes ou des femmes.

Mamelon : bout du sein.

Naissance : moment où le bébé sort du corps de la mère.

Organes génitaux : organes qui ont rapport à la reproduction et à l'activité sexuelle génitale.

Ouverture du vagin : orifice qui permet, chez la femme, l'écoulement du sang menstruel★, la rencontre sexuelle et la sortie du bébé lors de la naissance.

Ovaires : deux glandes féminines internes qui produisent les ovules.

Ovules : cellules reproductrices fabriquées et contenues dans les ovaires de la femme.

Petites lèvres : à l'intérieur de la vulve, petits lobes de chair qui entourent l'ouverture vaginale.

Plaisir sexuel : sensation ou émotion agréable occasionnée par la sexualité ou par le fait d'être un garçon ou une fille.

Prépuce : repli de peau qui enveloppe le gland du pénis.

Prostate : glande sexuelle interne chez l'homme.

Rencontre sexuelle : voir « faire l'amour ».

★ Tu en sauras plus sur la menstruation en lisant le livre *Ma sexualité de 9 à 11 ans*.

Responsabilité sexuelle : le fait de connaître, d'accepter sa sexualité et de s'en rendre responsable.

Sage-femme : femme dont le travail consiste à aider d'autres femmes à accoucher.

Scrotum : chez le garçon, sac qui contient les deux testicules.

Seins : mamelles chez la femme ; les seins ont pour fonction d'allaiter le bébé. Ils contribuent aussi à l'excitation et au plaisir sexuels.

Sexualité : ensemble des caractères propres à chaque sexe ; la sexualité concerne chaque personne dans tout ce qu'elle est.

Spermatozoïdes : cellules reproductrices contenues dans le sperme de l'homme.

Sperme : chez l'adolescent ou l'homme adulte, liquide blanchâtre émis par le pénis ; il contient les spermatozoïdes.

Sollicitation sexuelle : action de s'approcher d'une personne dans le but de lui proposer des activités sexuelles génitales.

Testicules : les deux glandes sexuelles contenues dans le scrotum. Les spermatozoïdes sont fabriqués par les testicules.

Urètre : chez la fille, canal qui s'ouvre sur la vulve ; il sert à laisser s'écouler l'urine. Chez le garçon, canal qui s'ouvre au bout du gland après avoir traversé le pénis. Chez l'homme adulte et chez l'adolescent, l'urètre et l'ouverture de l'urètre permettent aussi au sperme de s'échapper.

Urine : « pipi ».

Utérus : organe interne féminin en forme de poire et destiné à contenir l'ovule fécondé jusqu'à son développement complet.

Vagin : conduit extensible qui va de la vulve à l'utérus.

Vessie : organe-réservoir où s'accumule l'urine.

Vulve : ensemble des organes génitaux externes féminins.

Suivez l'auteure sur le Web
Blogue : jocelynerobert.com
Twitter : twitter.com/jocelynerobert
Facebook : facebook.com/JoJocelyneRobert
Adresse : jo@jocelynerobert.com

Suivez-nous sur le Web

Consultez nos sites Internet et inscrivez-vous à l'infolettre
pour rester informé en tout temps de nos publications et
de nos concours en ligne. Et croisez aussi vos auteurs préférés
et notre équipe sur nos blogues !

EDITIONS-HOMME.COM

EDITIONS-JOUR.COM

EDITIONS-PETITHOMME.COM

EDITIONS-LAGRIFFE.COM

Achevé d'imprimer au Canada